토익 기본기 완성　　　　Week **15**

대화 장소를 묻는 문제

QR코드 하나를
가리고 찍으면 편해요!

▲ MP3 바로듣기　　▲ 강의 바로보기

대화 장소나 근무 장소를 묻는 문제가 나오면 제품이나 서비스 종류, 직책 등과 같이 장소를 유추할 수 있는 키워드를 파악해야 해요. 이때 반드시 2개 이상의 키워드를 듣고 정답을 찾아야 합니다.

'조이런 200'이라는
운동화 있나요?

그럼요.
어떤 사이즈를 원하세요?

대화를 듣고 대화가 이뤄지는 장소가 어디인지 맞혀 보세요.

> **M**: Hi, I'm looking for some **running shoes**. They're the JoyRun 200s. Do you have them?
>
> **W**: Of course, we do. That model is currently **on sale. What size** do you want?

Q. 대화 장소?
A. 매장

남: 안녕하세요, 제가 운동화를 찾고 있습니다. 조이런 200이라는 건데요. 있나요?
여: 물론이죠, 있습니다. 그 모델은 현재 세일 중이에요. 어떤 사이즈를 원하세요?

■ 빈출 장소/직업 키워드

매장 (store)	직업	store clerk 매장 점원　sales representative 판매 직원
		customer service representative　고객 서비스 담당 직원
	키워드	in stock 재고가 있는　out of stock 재고가 없는　receipt 영수증
		discount 할인　refund 환불, 환불해주다　exchange 교환, 교환하다
식당 (restaurant)	직업	server 서빙 직원　chef 주방장　restaurant staff 식당 직원
	키워드	today's special 오늘의 요리　ready to order 주문할 준비가 된
		menu item 메뉴 항목　serve 음식 등을 제공하다　reserve a table 테이블을 예약하다
도서관 (library)	직업	librarian 도서관 사서
	키워드	bookshelf 책장　section 구역　author 작가　book signing 도서 사인회
		check out a book 책을 대출하다　return a book 책을 반납하다

대화 장소/근무지를 묻는 문제 형태

Where (most likely) are the **speakers**?
화자들은 어디에 있겠는가?

Where is the conversation **taking place**?
대화는 어디에서 이뤄지고 있는가?

Where do the **speakers** (most likely) **work**?
화자들은 어디에서 근무하겠는가?

Where does **the man** (most likely) **work**?
남자는 어디에서 근무하겠는가?

most likely는 '가장 가능성이 높은'이라는 뜻으로,
크게 신경 쓰지 않아도 돼요.
most likely에 괄호를 치면 질문의 핵심이
더 잘 보입니다.

Quiz

1 질문을 읽고 무엇을 묻는 문제인지 파악하세요.

Q. Where do the speakers most likely work?

2 대화를 듣고 빈칸을 채워보세요.

> **M**: I finished _____ all the books that were _____
>   today.
> **W**: Good. Will you check the children's book section and make sure no books are
>   on the tables?

3 질문과 선택지를 읽고 정답을 골라보세요.

Q. Where do the speakers most likely work?

(A) At a library
(B) At a magazine company

Hint
arranging all the books, check
the children's book section
→ library

│ 정답 및 해설 p. 23

▲ MP3 바로듣기   ▲ 강의 바로보기

오늘 배운 내용을 바탕으로 연습문제를 풀어 보세요.

1 Where most likely is the woman?

(A) In an electronics store
(B) In a printing shop
(C) In a hotel
(D) In an office

2 What does the woman want to do?

(A) Call a technician
(B) Print some documents
(C) Buy a new computer
(D) Schedule a meeting

3 What does the man suggest?

(A) Postponing a meeting
(B) Purchasing a new printer
(C) Using a different computer
(D) Making extra copies

4 Where does the woman work?

(A) At a hotel
(B) At a restaurant
(C) At a travel agency
(D) At a fitness center

5 What does the man say he will be doing next week?

(A) Meeting with some clients
(B) Starting a business
(C) Traveling overseas
(D) Retiring from his job

6 What does the woman ask the man to do?

(A) Arrive early
(B) Make a phone call
(C) Complete a form
(D) Meet a deadline

Today's VOCA

01 redeem ★

뤼디임 [ridíːm]

동 (쿠폰을) 상품과 바꾸다, (저당물을) 되찾다

can be **redeemed** to purchase any items under $50
50달러 미만의 어떤 상품과도 바꿀 수 있다

02 consist ★

컨씨스트 [kənsíst]

동 구성되다

consist of more than 25 local businesses and organizations
25개 이상의 지역 기업과 단체들로 구성되다

03 increase ★★★★

명 인크뤼스 [ínkriːs] 동 인크뤼스 [inkríːs]

명 증가, 상승, 인상 동 증가하다, 상승하다

a significant **increase** in sales
상당한 매출의 증가

파 **increased** 형 증가된

04 increasingly ★★★

인크뤼싱리 [inkríːsiŋli]

부 점점 더, 점진적으로

become **increasingly** concerned about
~에 대해 점점 더 우려하게 되다

파 **increasing** 형 증가하는

05 refund ★★★

명 뤼뻔(드) [ríːfʌnd] 동 뤼뻔드 [rifʌ́nd]

명 환불 동 환불해주다

receive a **refund**
환불을 받다

파 **refundable** 형 환불 가능한

06 charge ★★★

촤ㄹ쥐 [tʃɑːrdʒ]

명 (청구) 요금, 책임 동 (요금) 청구하다

have a **charge** of $100 on one's account
계정에 100달러의 청구 요금이 있다

07 effective ★★★

이쀅팁 [iféktiv]

형 효과적인, 효력을 발생하는, 시행되는

highly **effective** measures to reduce costs
비용을 줄일 매우 효과적인 조치들

파 **effect** 명 영향

08 estimate ★★★

동 에스터메잇 [éstəmeit] 명 에스터멋 [éstəmət]

동 추산하다, 추정하다 명 견적(서), 추산

estimate the number of participants to be about 5,000
참가자 수를 약 5천 명으로 추산하다

파 **estimated** 형 추정된, 견적의

📖 관계부사

관계대명사와 함께 관계사의 한 종류인 관계부사는 선행사인 명사를 수식하면서 부사의 역할을 할 수 있습니다. 대명사가 아닌 부사의 기능을 하기 때문에 관계대명사처럼 격을 맞추지 않아도 되며, 선행사의 종류에 따라 알맞은 관계부사를 선택하면 됩니다. 또한, 관계부사 뒤에 주어, 동사, 목적어 또는 보어를 모두 갖춘 완전한 문장이 옵니다.

■ 관계부사의 원리

> 문장1 James joined another firm.
> 제임스 씨는 또 다른 회사에 들어갔다.
>
> 문장2 He gained a lot of experience at the firm.
> 그는 그 회사에서 많은 경험을 얻었다.

① 두 번째 문장에서 선행사와 동일한 장소를 나타내는 구를 문장 앞으로 이동시킵니다.

James joined another firm. + **At the firm**, he gained a lot of experience.

② 두 번째 문장에서 선행사와 동일한 장소 명사를 관계대명사로 바꿉니다.

James joined another firm. + **At which**, he gained a lot of experience.

③ 장소 전치사와 관계대명사를 선행사에 맞는 관계부사로 바꿉니다.

James joined another firm **where** he gained a lot of experience.
제임스는 또 다른 회사에 들어갔는데 그곳에서 많은 경험을 얻었다.

············ 선행사 another firm이 장소를 나타내므로
장소 관계부사 where을 사용합니다.

■ 관계부사의 종류

관계부사는 선행사의 종류에 따라 구분됩니다. 선행사가 시간과 관련된 명사이면 when, 장소와 관련된 명사라면 where, 이유에 관련된 명사라면 why, 방법과 관련된 명사라면 how를 쓰면 됩니다.

선행사	관계부사
시간(= the time, the day)	when
장소(= the place)	where
이유(= the reason)	why
방법(= the way)	how

Ms. Cole will be off on **the day** **when** she plans to see a doctor.
콜 씨는 의사의 진찰을 받을 계획인 날에 휴가를 낼 것이다.

The dinner party will be held at **the buffet** **where** we went last month.
저녁 만찬 파티는 우리가 지난달에 갔던 그 뷔페에서 열릴 것이다.

The interviewer asked Mr. Keith about **the reason** **why** he left his previous job.
면접관은 케이스 씨에게 그가 이전 직장을 그만둔 이유에 대해 물었다.

To learn **how** the new packaging machine works, please attend the demonstration.
(= To learn **the way** the new packaging machine works, please attend the demonstration.)
새로운 포장 기계가 작동하는 방식을 배우기 위해서, 시연회에 참석해 주시기 바랍니다.

······ 관계부사 how는 선행사 the way와 관계부사 how 중 하나만 사용 가능해요.

3초 퀴즈

I would like to stay at a hotel ------- 24-hour room service is offered.

(A) which
(B) where

DAY 02

Part 5 관계사 ④

오늘 배운 내용을 바탕으로 연습문제를 풀어 보세요.

1 Ms. McGrath doesn't understand the reason ------- she was fired.

(A) why
(B) how
(C) where
(D) that

2 Please review the itinerary before the time ------- you leave for the convention.

(A) where
(B) when
(C) how
(D) why

3 The conference room ------- the shareholders' meeting will be held is located on the fifth floor.

(A) where
(B) which
(C) whom
(D) who

4 October is the month ------- we make the next year's business plan.

(A) which
(B) when
(C) where
(D) who

5 The purpose of the article is to explain ------- people can communicate with each other effectively.

(A) how
(B) whom
(C) who
(D) whose

Today's VOCA

01 extensive ★★★
익스텐십 [iksténsiv]
형 폭넓은, 대규모의

do **extensive** research for the project
프로젝트를 위해 폭넓은 조사를 하다
파 **extensively** 부 널리, 광범하게

02 financially ★★
빠이낸셜리 [fainǽnʃəli]
부 재정적으로

do well **financially**
재정적으로 운영을 잘 하다
파 **finance** 통 자금을 조달하다 명 재정, 금융

03 record ★★
명 뤠커ㄹ드 [rékərd] 통 뤼커ㄹ드 [rikɔ́:rd]
명 기록 통 기록하다

update the sales **records**
매출 기록을 업데이트하다

04 payment ★★
페이먼(트) [péimənt]
명 지불, 지불금

avoid delays in **payment**
지불 연체를 피하다
파 **pay** 통 지불하다 명 급여

05 closely ★★
클로우슬리 [klóusli]
부 면밀하게, 꼼꼼하게, 밀접하게, 긴밀하게

monitor the budget as **closely** as possible
예산을 가능한 한 면밀하게 관찰하다

06 reduce ★★
뤼듀쓰 [ridjú:s]
통 줄이다, 낮추다

reduce expenses by limiting international trips
해외 출장을 제한함으로써 비용을 줄이다

07 anticipate ★★
앤티서페잇 [æntísəpeit]
통 예상하다, 기대하다

anticipate significant revenue increases
상당한 수입 증가를 예상하다
파 **anticipation** 명 예상, 기대

08 expense ★★
익스펜스 [ikspéns]
명 비용, 지출

incur **expenses**
비용을 발생시키다

화자 / 제3자를 묻는 문제

▲ MP3 바로듣기

▲ 강의 바로보기

이 유형의 문제에서는 질문을 읽고 누구에 대해 묻는지를 먼저 확실히 구분해야 합니다. 두 명의 화자 모두 (speakers)에 대해 묻는지, 남자(man), 또는 여자(woman)에 대해 묻는지, 아니면 제3자에 대해 묻는지를 파악해서 그 사람의 직업을 유추할 수 있는 키워드를 잘 듣도록 하세요.

대화를 듣고 여자가 누구인지 맞혀보세요.

> **W**: Hi, I'm calling to let you know that I **found an apartment** you might like. It's **conveniently located** in the city center.
>
> **M**: Oh, great. Can we meet to look at the **property** tomorrow?

Q. 여자의 직업?
A. 부동산 중개인

여: 안녕하세요, 귀하께서 마음에 들어 하실 아파트를 찾았다는 것을 알려드리고자 전화했습니다. 그곳은 시내 중심부에 편리하게 위치해 있습니다.

남: 오, 잘됐네요. 내일 만나서 그 건물을 볼 수 있을까요?

■ 빈출 장소/직업 키워드

부동산 (real estate agency)	직업 real estate agent 부동산 중개인 property manager 부동산 관리인
	키워드 resident 주민 tenant 세입자 lease 임대차 계약 rent 임대하다, 임대(료) office space 사무 공간 property 부동산, 건물
병원 (doctor's office, medical clinic)	직업 medical doctor 의사 dentist 치과의사 receptionist 접수 담당자
	키워드 make an appointment (진료) 예약을 하다 patient 환자 reschedule an appointment 예약 시간을 다시 잡다 check-up 검진 medical records 의료기록 vaccination 백신 접종
호텔 (hotel)	직업 front desk clerk 프런트 직원
	키워드 check in 입실 수속을 하다 check out 퇴실 수속을 하다 reservation 예약 room service 룸 서비스
여행사 (travel agency)	직업 travel agent 여행사 직원
	키워드 book a flight 항공편을 예약하다 round-trip ticket 왕복 티켓 vacation 휴가 package tour 패키지 여행

■ 화자/제3자가 누구인지 묻는 문제 형태

질문을 읽을 때 누구에 대해 묻는지를 재빨리 파악하는 것이 중요합니다. 이때 질문이 묻는 대상에 동그라미를 치면 헷갈리지 않아요.

Who (most likely) are the speakers?
화자들은 누구이겠는가?

Who (most likely) is the woman?
여자는 누구이겠는가?

Who is Diane Hassel?
다이앤 하셀은 누구인가?

Quiz

1 질문을 읽고 무엇을 묻는 문제인지 파악하세요.

Q. Who most likely is the woman?

2 대화를 듣고 빈칸을 채워보세요.

M: Hello, I'd like to _____ with Dr. Mathew for an eye exam today.

W: I'm sorry, but he is out sick today. Dr. Clark is available instead.

3 질문과 선택지를 읽고 정답을 골라보세요.

Q. Who most likely is the woman?

(A) A doctor
(B) A receptionist

> **Hint**
> make an appointment
> ~ for an eye exam, Dr. Clark
> is available instead
> → receptionist

정답 및 해설 p. 25

Practice

정답 및 해설 p. 25

오늘 배운 내용을 바탕으로 연습문제를 풀어 보세요.

1 Who most likely are the speakers?

(A) IT technicians
(B) Office managers
(C) Hardware store staff
(D) Construction workers

2 What is causing work to stop?

(A) Poor weather
(B) Traffic congestion
(C) A training session
(D) A workplace accident

3 What will the man do next?

(A) Speak to some workers
(B) Turn off some equipment
(C) Submit a report
(D) Reschedule a meeting

4 What are the speakers mainly discussing?

(A) A job vacancy
(B) A local business
(C) A magazine article
(D) A company trip

5 Who most likely is Mike O'Donnell?

(A) An editor
(B) An athlete
(C) A photographer
(D) A musician

6 What will the speakers most likely do at noon?

(A) Submit some documents
(B) Attend a festival
(C) Have a lunch meeting
(D) Interview a celebrity

▲ MP3 바로듣기

01 assistance ★★
어씨스턴스 [əsístəns]
명 지원, 도움, 원조

give financial **assistance** to home buyers
주택을 구매하는 사람들에게 재정 지원을 하다

02 exceed ★★
익씨-잇 [iksíːd]
동 (한도를) 초과하다, (양을) 넘다

exceed the yearly sales targets
연간 매출 목표치를 초과하다

03 investment ★★
인붸스트먼(트) [invéstmənt]
명 투자

make profitable **investments**
이윤이 남는 투자를 하다
파 **invest** 동 투자하다

04 attribute ★★
어트뤼븃 [ətríbjuːt]
동 원인을 찾다, 탓으로 돌리다

attribute the disappointing results to the low budget
실망스러운 결과의 원인을 낮은 예산으로 돌리다

05 reasonably ★★
뤼이저너블리 [ríːzənəbli]
부 합리적으로, 적절하게

provide **reasonably** priced items
합리적으로 가격이 매겨진 제품을 제공하다
파 **reasonable** 형 합리적인, 적절한

06 budget ★★
버짓 [bʌ́dʒit]
명 예산 동 예산을 세우다

the **budget** for the new equipment
새로운 장비를 구입하기 위한 예산

07 cost ★
커쓰 [kɔːst]
명 가격, 비용 동 (비용이) ~만큼 들다

given increasing fuel **costs**
증가하는 연료비를 고려할 때
파 **costly** 형 비용이 많이 드는, 대가가 큰

08 possible ★
파서블 [pásəbl]
형 가능한

analyze **possible** risks
발생 가능한 위험을 분석하다
파 **possibility** 명 가능성

DAY 03

Part 3 화자/제3자를 묻는 문제

📖 장소/위치 전치사

전치사는 명사의 역할을 하는 요소, 즉 명사와 대명사 또는 동명사의 앞에 위치해 다른 단어와 연결하는 기능을 합니다. 이렇게 전치사와 연결되는 단어들은 주로 명사 또는 동사입니다. 그중에 장소를 나타내는 전치사는 주로 특정 장소의 위치 또는 거리 관계를 나타냅니다. 경계가 있는 하나의 넓은 '공간' 개념이면 in, 하나의 특정한 '지점' 개념이면 at, 한 면이 표면이나 지면에 '붙어 있는' 개념이면 on을 사용합니다.

■ in

전치사 in은 사방이 막히거나 경계가 분명한 공간 속을 나타낼 때 사용하며, '~ (안)에'로 해석합니다. 주로 도시나 국가 등 큰 장소 명사 앞에 사용되고, 보관이나 저장을 하는 봉투나 상자 등의 명사 앞에서도 사용됩니다.

Mr. Durein will meet a client **in** the restaurant.
두레인 씨는 식당에서 고객을 만날 것이다.

The company's headquarters are located **in** Busan.
그 회사의 본사는 부산에 위치해 있다.

To get a discount, please put your business card **in** the box.
할인을 받기 위해서, 상자에 귀하의 명함을 넣어주세요.

3초 퀴즈

This year's Software Fair will be held ------- Los Angeles.

(A) in
(B) on

■ at

전치사 at은 하나의 지점을 나타낼 때 사용하며, '~에(서)'로 해석합니다. 매우 구체적인 특정 공간 또는 특정 목적의 행사를 나타내는 명사 앞에 쓰이며, 구체적인 이름이 포함된 회사나 기관 이름 앞에 쓰이기도 합니다.

····· 문맥에 따라 은행 안, 은행 앞 또는 은행 근처에서 만나자는 의미 모두 가능해요.

Ms. Barton suggested meeting **at** the bank.
바튼 씨는 은행에서 만날 것을 제안했다.

We **at** Siwonschool value dedication and cooperation.
시원스쿨에 근무하는 우리들은 헌신과 협력을 중요시합니다.

At the press conference, Ms. Carson will announce her resignation as CEO.
기자회견에서 카슨 씨는 대표이사로서의 사임을 발표할 것이다.

■ on

전치사 on은 표면이나 지면에 접촉되어 있는 경우를 나타낼 때 사용하며, '~ (위)에'로 해석합니다. 주로 바닥이나 층, 벽처럼 평면 개념을 지닌 장소 명사 앞에 쓰입니다.

There is a notice of the renovation plan **on** the board.
게시판에 보수 공사 계획에 관한 공지가 있다.

The fitness center is located **on** the second floor.
피트니스 센터는 2층에 위치해 있다.

 기타 장소 전치사

전치사	뜻	특징
next to, beside	~ 바로 옆에	바로 옆에 위치한 대상을 말할 때 사용
near	~ 근처에	멀지 않은 곳에 위치한 대상을 말할 때 사용
throughout, across	~ 전역에	특정 장소 전체를 통틀어 가리킬 때 사용
along	~을 따라서	도로, 강 등 길이가 있는 장소 명사 앞에 사용

▲ 강의 바로보기

오늘 배운 내용을 바탕으로 연습문제를 풀어 보세요.

1 Our staff can arrange amazing city tours ------- the front desk.

(A) of   (B) at
(C) for   (D) with

memo

2 The upcoming workshop will be held ------- conference room B.

(A) with   (B) for
(C) in   (D) on

3 You can return unwanted products to the Customer Service Department ------- the first floor.

(A) within   (B) on
(C) next   (D) between

4 Unless Mr. Garvey arrives ------- the airport soon, he will miss his flight to Tokyo.

(A) at   (B) after
(C) across   (D) until

5 Heavy rains ------- Malaysia have caused water levels to rapidly rise throughout the country.

(A) into   (B) near
(C) along   (D) in

Today's VOCA

01 costly
커쓰-리 [kɔ́:stli]
형 비용이 많이 드는

protect your equipment from **costly** damage
비용이 많이 드는 손상으로부터 설비를 보호하다

02 figure
쀠규어ㄹ [fígjər]
명 수치, 인물 통 생각하다

monthly sales **figures**
월별 매출 수치

03 boost
부-슷(트) [buːst]
명 증가 통 증가시키다

announce a **boost** in sales
매출 증가를 발표하다

04 complicated
캄플러케이팃 [kámpləkeitid]
형 복잡한, 난해한

the **complicated** corporate tax regulations
복잡한 법인세 규제

05 accurate
애큐릿 [ǽkjurit]
형 정확한

an **accurate** description of the problem
문제의 정확한 설명

🔁 **accuracy** 명 정확도

06 lower
로우어ㄹ [lóuər]
통 줄이다, 낮추다

find ways to **lower** our electricity costs
전기 요금을 줄일 방법을 찾다

07 surplus
써ㄹ플러스 [sə́:rpləs]
명 흑자, 과잉 형 초과하는, 잉여의

show a budget **surplus**
예산 흑자를 보이다

08 economical
에커나미컬 [ekənámikəl]
형 경제적인, 실속 있는

the fastest and most **economical** way to travel 가장 빠르고 경제적인 여행 수단

🔁 **economic** 형 경제의

DAY 04
Part 5 전치사 ①

VOCA

● 단어와 그에 알맞은 뜻을 연결해 보세요.

1　lower　　　●　　　● (A) (한도를) 초과하다, (양을) 넘다

2　exceed　　●　　　● (B) 재정적으로

3　financially　●　　● (C) 줄이다, 낮추다

● 다음 빈칸에 알맞은 단어를 선택하세요.

4　------- significant revenue increases
　　상당한 수입 증가를 예상하다

5　the fastest and most ------- way to travel
　　가장 빠르고 경제적인 여행 수단

6　------- the disappointing results to the low budget
　　실망스러운 결과의 원인을 낮은 예산으로 돌리다

(A) anticipate
(B) economical
(C) attribute

● 실전 문제에 도전해 보세요.

7　Michelle plans to work part-time so that she can pay for her living -------.

(A) budgets　　　　　(B) investments
(C) expenses　　　　(D) surplus

8　The fault report must be ------- so that the technicians can fix the problem.

(A) complicated　　　(B) effective
(C) estimated　　　　(D) accurate

한 주 동안 학습한 내용을 적용하여 기출변형 문제들을 풀어 보세요.

▲ MP3 바로듣기   ▲ 강의 바로보기

1   Where is the conversation most likely taking place?

(A) At an electronics store
(B) At a travel agency
(C) At a Web design firm
(D) At a car rental company

2   What problem does the woman mention?

(A) A price was listed incorrectly.
(B) A device is unavailable.
(C) An employee is absent.
(D) A vehicle has broken down.

3   What does the woman offer to do?

(A) Give a demonstration
(B) Call another branch
(C) Provide a discount
(D) Book a different service

4   Who is Otto Wagner?

(A) A product developer
(B) A recruitment agent
(C) A graphic designer
(D) A marketing manager

5   What will take place in the afternoon?

(A) A fundraising event
(B) A shareholder meeting
(C) An orientation session
(D) An employee interview

6   What will the woman and Otto Wagner do next?

(A) Collaborate on a project
(B) Speak to some clients
(C) Visit the security office
(D) Watch a presentation

한 주 동안 학습한 내용을 적용하여 기출변형 문제들을 풀어 보세요.

▲ 강의 바로보기

1   Mr. Dickson stayed at the Park View Hotel, ------- the annual conference was being held.

  (A) when
  (B) where
  (C) who
  (D) how

2   We have to review the agenda before the time ------- we have our regular meeting.

  (A) where
  (B) when
  (C) how
  (D) what

3   Supervisors should encourage their subordinates to find ------- they can complete their work effectively.

  (A) which
  (B) what
  (C) how
  (D) so

4   The brainstorming session will be held ------- Conference Room B from 7 a.m. to 4 p.m.

  (A) at
  (B) between
  (C) in
  (D) on

5   The famous wine buffet is located on Pitt Street and George Street ------- the main intersection.

  (A) at
  (B) among
  (C) during
  (D) out

6   Ms. Lin moved to Gannet Publishing in Winchester, ------- she took the editorial manager position.

(A) while
(B) how
(C) where
(D) what

7   Please tell me the exact date ------- the item I requested becomes available in your store.

(A) which
(B) when
(C) what
(D) where

8   A study reveals that consumer spending increased ------- the country from October to late December.

(A) under
(B) at
(C) throughout
(D) by

9   Randall Inc. hoped to construct a huge assembly plant ------- the large piece of land near Lake Rabin.

(A) on
(B) for
(C) from
(D) to

10 The most important thing for a large company is to be able to coordinate resources ------- various divisions.

(A) with
(B) across
(C) along
(D) beside

Week **15**

정답 및 해설

Day 01 대화 장소를 묻는 문제

Quiz

> **M:** I finished <u>arranging</u> all the books that were <u>returned</u> today.
>
> **W:** Good. Will you check the children's book section and make sure no books are on the tables?

남: 오늘 반납된 모든 책들을 정리하는 일을 끝냈어요.

여: 좋아요. 아동 도서 구역을 확인해서 어떤 책도 탁자 위에 놓여 있지 않도록 해 주시겠어요?

Q. 화자들은 어디에서 일하고 있겠는가?

(A) 도서관에서

(B) 잡지사에서

정답 (A)

어휘 finish -ing ~하기를 끝내다 arrange ~을 정리하다 return ~을 반납하다, 반품하다 section 구역, 구획, 부분 make sure (that) + 절: 반드시 ~하도록 하다, ~임을 확실히 하다

Practice

1. (D)	2. (B)	3. (C)	4. (B)	5. (A)
6. (B)				

Questions 1-3 refer to the following conversation.

> **W:** ② I need to print out some documents before the meeting, but ① the computer in my office keeps showing error messages.
>
> **M:** Did you check if your computer is connected to the printer?
>
> **W:** It is. I don't have time to wait for a technician. What should I do?
>
> **M:** Well, e-mail the documents to me and then ③ you can print them from my computer.

여: 회의에 앞서 몇몇 문서들을 출력해야 하는데, 제 사무실에 있는 컴퓨터가 계속 오류 메시지를 나타내고 있어요.

남: 컴퓨터가 프린터에 연결되어 있는지 확인해 보셨나요?

여: 되어 있어요. 제가 기술자를 기다릴 시간이 없어요. 어떻게 해야 하죠?

남: 음, 저에게 그 문서들을 이메일로 보내 주시면, 그 후에 제 컴퓨터를 통해 출력하실 수 있어요.

어휘 print out ~을 출력하다, 인쇄하다 keep -ing 계속 ~하다 check if ~인지 확인하다 connect A to B: A를 B에 연결하다 have time to do ~할 시간이 있다 wait for ~을 기다리다 technician 기술자 e-mail v. ~을 이메일로 보내다 then 그 후에, 그런 다음

1. 여자는 어디에 있을 것 같은가?

(A) 전자제품 매장에

(B) 인쇄소에

(C) 호텔에

(D) 사무실에

정답 (D)

해설 여자가 있는 곳을 묻는 문제이므로 장소와 관련된 정보를 찾는 데 집중해 들어야 한다. 대화 시작 부분에 여자가 the computer in my office라는 말로 사무실에 있음을 나타내고 있으므로 (D)가 정답이다.

어휘 electronics 전자제품 printing shop 인쇄소

2. 여자는 무엇을 하고 싶어 하는가?

(A) 기술자에게 전화하는 일

(B) 몇몇 문서를 출력하는 일

(C) 새 컴퓨터를 구입하는 일

(D) 회의 일정을 정하는 일

정답 (B)

해설 여자가 하고 싶어 하는 일을 묻는 문제이므로 여자의 말에서 바람이나 필요성을 언급하는 부분에 집중해 들어야 한다. 대화를 시작하면서 여자가 몇몇 문서를 출력할 필요성(I need to print out some documents ~)을 언급하고 있으므로 (B)가 정답이다.

어휘 call ~에게 전화하다 schedule v. ~의 일정을 정하다

3. 남자는 무엇을 제안하는가?

(A) 회의를 연기하는 것

(B) 새 프린터를 구입하는 것

(C) 다른 컴퓨터를 이용하는 것

(D) 추가 사본을 만드는 것

정답 (C)

해설 남자가 제안하는 것을 묻는 문제이므로 남자의 말에서 제안 표현과 함께 언급되는 일을 파악해야 한다. 대화 마지막에 남자가 you can ~이라는 제안 표현을 통해 자신에게 이메일로 문서를 보내 자신의 컴퓨터에서 출력하도록 제안하고(~ you can print them from my computer) 있다. 이는 다른 컴퓨터를 이용하는 일을 뜻하므로 (C)가 정답이다.

어휘 **suggest** ~을 제안하다, 권하다 **postpone** ~을 연기하다,
미루다 **purchase** ~을 구입하다 **make a copy** 사본을
만들다 **extra** 추가의, 별도의

Paraphrase print them from my computer
→ Using a different computer

Questions 4-6 refer to the following conversation.

> **W:** 4 Thank you for calling Lamplight Italian
> Bistro. How may I help you?
>
> **M:** Hello, my name is Aaron Schwartz, with BGP
> International. 4 I'd like to reserve a table for six
> on Wednesday or Thursday night. 5 We have
> some important clients visiting next week.
>
> **W:** Well, let me see what's available. We have a few
> tables open Wednesday. Is 7 P.M. OK?
>
> **M:** That will be perfect. Thank you.
>
> **W:** Great. 6 Please give us a call if there's any
> schedule change.

> 여: 램프라이트 이탈리안 비스트로에 전화 주셔서 감사합니다.
> 무엇을 도와 드릴까요?
>
> 남: 안녕하세요, 제 이름은 애런 슈워츠이며, BGP 인터내셔널 소
> 속입니다. 수요일이나 목요일 저녁에 6명 자리를 예약하고자
> 합니다. 다음 주에 저희를 방문하시는 중요한 고객들이 있거
> 든요.
>
> 여: 저, 무엇이 이용 가능한지 확인해 보겠습니다. 수요일에 이용
> 가능한 테이블이 몇 개 있습니다. 오후 7시로 하는 게 괜찮으
> 신가요?
>
> 남: 그렇게 해 주시면 완벽할 겁니다. 감사합니다.
>
> 여: 좋습니다. 어떤 일정 변경이든 있으시면 저희에게 전화 주십
> 시오.

어휘 **Thank you for** ~해 주셔서 감사합니다 **How may I**
help you? 무엇을 도와 드릴까요? **would like to do**
~하고자 하다, ~하고 싶다 **reserve a table** 자리를 예약하다
table 테이블, 식탁, (식당 등의) 자리 **have A -ing** ~하는
A가 있다 **client** 고객 **let me do** (제가) ~해 보겠습니다
available 이용 가능한 **a few** 몇몇의, 몇 개의 **open** (자리,
시간대 등이) 이용 가능한, 비어 있는 **give A a call:** A에게
전화하다

4. 여자는 어디에서 근무하는가?
(A) 호텔에서
(B) 레스토랑에서
(C) 여행사에서
(D) 피트니스 센터에서

정답 (B)
해설 여자의 근무 장소를 묻는 문제이므로 특정 업무나 제품, 서비
스 등과 관련된 정보를 찾아야 한다. 대화를 시작하면서 여
자가 램프라이트 이탈리안 비스트로라고 소속을 밝히고 있고
(Thank you for calling Lamplight Italian Bistro), 뒤이어
남자가 테이블 예약을 요청하는(I'd like to reserve a table
~) 상황이다. 이는 레스토랑에 근무하는 사람에게 할 수 있는
말이므로 (B)가 정답이다.

5. 남자는 자신이 다음 주에 무엇을 할 것이라고 말하는가?
(A) 몇몇 고객과 만나는 것
(B) 사업을 시작하는 것
(C) 해외로 여행 가는 것
(D) 자신의 일자리에서 퇴직하는 것

정답 (A)
해설 '다음 주'라는 시점은 대화 중반부 남자의 말에서 언급되고 있
으며, 여기서 남자가 중요한 고객들이 다음 주에 방문한다(We
have some important clients visiting next week)는 사
실을 알리고 있다. 고객이 방문하는 것은 고객과 만난다는 뜻
이므로 (A)가 정답이다.

어휘 **meet with** (약속하여) ~와 만나다 **travel** 여행 가다
overseas 해외로, 해외에서 **retire from** ~에서 퇴직하다,
은퇴하다

Paraphrase have some important clients visiting
→ Meeting with some clients

6. 여자는 남자에게 무엇을 하도록 요청하는가?
(A) 일찍 도착하는 일
(B) 전화하는 일
(C) 양식을 작성 완료하는 일
(D) 마감시한을 맞추는 일

정답 (B)
해설 여자가 요청하는 일을 묻고 있으므로 여자의 말에서 요청 표현
과 함께 제시되는 단서를 찾아야 한다. 대화 마지막에 여자가
Please 요청 표현과 함께 일정 변경이 있을 경우에 전화해 달
라고 요청하고(Please give us a call ~) 있으므로 전화하는
일을 의미하는 (B)가 정답이다.

어휘 **ask A to do:** A에게 ~하도록 요청하다 **make a phone**
call 전화하다 **complete** ~을 작성 완료하다 **form** 양식,
서식 **meet** (조건 등) ~을 충족하다 **deadline** 마감시한

Paraphrase give us a call → Make a phone call

Day 02 관계사 ❹

3초 퀴즈

정답 (B)

해석 나는 24시간 룸서비스가 제공되는 호텔에 머물고 싶다.

해설 빈칸 뒤에 완전한 문장이 있고, 선택지가 관계사로 구성되어 있으므로 빈칸은 관계부사 자리이다. 따라서 장소 선행사와 함께 쓰일 수 있는 (B) where가 정답이다.

어휘 would like to do ~하고 싶다 stay 머물다 offer ~을 제공하다

Practice

1. (A)	2. (B)	3. (A)	4. (B)	5. (A)

1.

정답 (A)

해석 맥그라스 씨는 왜 그녀가 해고되었는지에 대한 이유를 이해하지 못한다.

해설 빈칸 뒤에 완전한 문장이 있고, 선택지가 관계사로 구성되어 있으므로 빈칸은 관계부사 자리이다. 따라서 이유 선행사와 함께 쓸 수 있는 (A) why가 정답이다.

어휘 understand ~을 이해하다 reason 이유 be fired 해고되다

2.

정답 (B)

해석 총회를 위해 출발하는 시간에 앞서 일정표를 검토하십시오.

해설 빈칸 뒤에 완전한 문장이 있고, 선택지가 관계부사로 구성되어 있으므로 빈칸 앞에 있는 시간 선행사 the time과 함께 쓰일 수 있는 (B) when이 정답이다.

어휘 review ~을 검토하다 itinerary 일정 before ~전에 time 시간 leave 출발하다 convention 총회

3.

정답 (A)

해석 주주총회가 개최될 대회의실은 5층에 위치해 있다.

해설 빈칸 뒤에 완전한 문장이 있고, 선택지가 관계사로 구성되어 있으므로 빈칸 앞에 있는 장소 선행사 conference room과 함께 쓰일 수 있는 (A) where가 정답이다.

어휘 conference room 대회의실 shareholder 주주 be held 개최되다 be located 위치해 있다 floor 층

4.

정답 (B)

해석 10월은 우리가 다음 해의 사업계획을 작성하는 달이다.

해설 빈칸 뒤에 완전한 문장이 있고, 선택지가 관계사로 구성되어 있으므로 빈칸은 관계부사 자리이다. 따라서 시간 선행사 the month와 함께 쓰일 수 있는 (B) when이 정답이다.

어휘 make ~을 만들다 business plan 사업계획

5.

정답 (A)

해석 그 기사의 목적은 사람들이 효과적으로 서로 소통하는 방법을 설명하기 위한 것이다.

해설 빈칸 뒤에 완전한 문장이 있고, 선택지가 관계사로 구성되어 있으므로 빈칸은 관계부사 자리이다. 따라서 선택지 중 유일한 관계부사인 (A) how가 정답이다.

어휘 purpose 목적 article 기사 explain ~을 설명하다 communicate with ~와 소통하다 each other 서로 effectively 효과적으로

Day 03 화자/제3자를 묻는 문제

Quiz

M: Hello, I'd like to make an appointment with Dr. Mathew for an eye exam today.

W: I'm sorry, but he is out sick today. Dr. Clark is available instead.

남: 안녕하세요, 저는 오늘 눈 검사를 위해 매튜 선생님으로 진료 예약을 하고 싶어요.

여: 죄송하지만, 그분은 오늘 아파서 결근하신 상태예요. 대신에 클라크 선생님께서 시간이 되세요.

Q. 여자는 누구이겠는가?
(A) 의사
(B) 접수 직원

정답 (B)

어휘 would like to do ~하고자 하다, ~하고 싶다 make an appointment 예약하다 eye exam 눈 검사 be out sick 아파서 결근하다 available (사람이) 시간이 되는 instead 대신에

Practice

1. (D)	2. (A)	3. (B)	4. (C)	5. (C)
6. (C)				

Questions 1-3 refer to the following conversation.

> **W:** James, the site manager just called me. He said **1** we need to stop all building work right away and meet at our head office.
>
> **M:** Well, **1** we're already behind schedule with construction. We were supposed to finish installing the building's windows today. What's the problem?
>
> **W:** The site manager says **2** we are about to have very heavy rain and strong winds. It would be unsafe for us to keep working in those conditions.
>
> **M:** Okay. **3** I'll make sure all our tools and machines are turned off. Can you tell our other workers about the plan?

여: 제임스 씨, 현장소장이 저에게 방금 전화했어요. 그가 말하길 우리는 지금 당장 모든 건설 작업을 중단하고 본사에서 만나야 한다고 하네요.

남: 음, 우리는 이미 공사 일정보다 늦었어요. 우리는 오늘 건물의 창문 설치를 완료하기로 되어 있어요. 무슨 일인가요?

여: 현장소장이 말하길 곧 폭우와 강한 바람이 있을 거라고 해요. 그런 상황에서 계속 작업하는 것은 우리에게 안전하지 않을 거예요.

남: 알겠습니다. 저는 모든 장비와 기계들을 확실히 끄도록 할게요. 다른 작업자들에게 그 계획에 대해 말해줄 수 있나요?

어휘 **site manager** 현장소장 **right away** 지금 당장 **head office** 본사 **behind schedule with** ~의 일정보다 늦은 **construction** 공사, 건설 **be supposed to do** ~하기로 되어 있다, ~할 예정이다, ~해야 하다 **install** ~을 설치하다 **be about to do** 막 ~하려는 참이다, 곧 ~할 것이다 **heavy rain** 폭우 **unsafe** 안전하지 않은 **keep -ing** 계속 ~하다 **conditions** 상황 **make sure** 확실히 ~하게 하다, 반드시 ~하다 **turn off** (전원을) 끄다

1. 화자들은 누구일 것 같은가?
(A) IT 기술자
(B) 사무실 관리자
(C) 철물점 직원
(D) 건설 노동자

정답 (D)

해설 여자가 현장소장의 말을 전달하면서 건설 작업을 당장 중단해야 한다(we need to stop all building work right away)는 말과 남자가 이미 공사 일정보다 늦었다며(we're already behind schedule with construction) 건물의 창문 설치를 완료해야 한다고 말하는 것을 통해 남자와 여자 모두 건설 현장에서 일하는 노동자임을 알 수 있다. 따라서 (D)가 정답이다.

어휘 **technician** 기술자, 기사 **office manager** 사무실 관리자 **hardware store** 철물점, 공구점 **staff** 직원 **worker** 노동자, 직원

2. 작업을 중단하게 하는 것은 무엇인가?
(A) 악천후
(B) 교통 체증
(C) 교육 시간
(D) 작업장 사고

정답 (A)

해설 작업을 중단해야 한다는 말에 남자가 무슨 일인지 묻자 여자가 현장소장의 말을 전하면서 곧 폭우와 강풍이 있을 것(we are about to have very heavy rain and strong winds)이라고 말한다. 이를 통해 기상 악화로 인해 작업을 중단하게 되었음을 알 수 있으므로 (A)가 정답이다.

어휘 **cause A to do** A가 ~하도록 야기하다 **poor weather** 악천후 **traffic congestion** 교통 체증 **session** (특정 활동을 위한) 시간, 기간 **workplace** 작업장 **accident** 사고

Paraphrase heavy rains and strong winds → Poor weather

3. 남자가 다음에 할 일은 무엇인가?
(A) 몇몇 작업자들과 이야기를 한다.
(B) 몇몇 장비의 전원을 끈다.
(C) 보고서를 제출한다.
(D) 회의의 일정을 재조정한다.

정답 (B)

해설 남자는 대화의 마지막 부분에서 자신이 장비와 기기들을 확실히 끄도록 하겠다(I'll make sure all our tools and machines are turned off)고 하였으므로, 남자가 대화 후에 할 일은 장비의 전원을 끄는 일임을 알 수 있다. 따라서 (B)가 정답이다.

어휘 **speak to** ~와 이야기하다 **equipment** 장비 **submit** 제출하다 **report** 보고서 **reschedule** 일정을 재조정하다

Paraphrase all our tools and machines → some equipment

Questions 4-6 refer to the following conversation.

> **M:** Hi, Zara. **4** Our editor asked me to help you with the article you're writing for the July issue of our magazine. What is it about?
>
> **W:** Oh, great. It's a piece about the music festival that's being held in our city this weekend.

M: That sounds fun! **5** Should I ask Mike O'Donnell to come along to the event and take some pictures for the article? He provided photos for the athletics competition last month, and they looked great.

W: Yes, let's do that. **6** Why don't you ask Mike to join us for lunch at noon today? Then we can discuss our plans for the festival.

남: 안녕하세요, 자라 씨. 편집장님이 저에게 당신이 쓰고 계신 우리 잡지의 7월호 기사 일을 도우라고 하셨어요. 무엇에 관한 것인가요?

여: 오, 잘됐네요. 이번 주말에 우리 시에서 열릴 음악 축제에 관한 글이에요.

남: 재미있겠네요! 제가 마이크 오도넬 씨에게 그 행사에 같이 가자고 해서 기사를 위해 사진을 찍어달라고 요청해야 할까요? 그가 지난 달에 육상 경기 대회 사진을 제공했는데 그 사진들이 굉장했어요.

여: 네, 그렇게 하시죠. 마이크에게 오늘 정오에 우리와 점심을 함께 하자고 하는게 어때요? 그러면 우리가 축제에 대한 계획을 논의할 수 있어요.

어휘 **editor** 편집자, 편집장 **help A with B**: A가 B하는 것을 돕다 **article** 기사(문) **issue** (정기 간행물의) 호 **piece** (신문, 잡지 등의) 기사, 글 **hold** (행사 등을) 열다, 개최하다 **come along to** ~에 같이 가다 **provide** ~을 제공하다 **athletics** 육상 경기 **competition** 대회, 경쟁 **discuss** ~에 대해 논의하다

4. 화자들은 주로 무엇에 대해 이야기하고 있는가?
   (A) 일자리
   (B) 현지 사업(체)
   (C) 잡지 기사문
   (D) 회사 여행

정답 (C)

해설 대화 주제를 묻는 문제이므로 대화가 시작될 때 특히 주의해 들어야 한다. 남자가 대화를 시작하면서 편집장이 여자가 작성중인 7월호 기사 일을 도우라고 하셨다(Our editor asked me to help you with the article you're writing for the July issue of our magazine)고 말한다. 이를 통해 대화가 잡지의 기사문에 관한 것임을 알 수 있다. 따라서 (C)가 정답이다.

어휘 **job vacancy** 일자리, 채용 공고 **local business** 현지 사업(체), 지역 기업

5. 마이크 오도넬은 누구일 것 같은가?

   (A) 편집자
   (B) 육상 선수
   (C) 사진작가
   (D) 음악가

정답 (C)

해설 문제에서 언급한 마이크 오도넬(Mike O'Donnell)은 남자가 그에게 음악 축제에 같이 가자고 해서 사진을 찍는 것을 요청해야 할지(Should I ask Mike O'Donnell to come along to the event and take some pictures for the article?)를 묻는 말에서 처음 언급되었다. 그 뒤에 지난 달에 육상 대회에서 찍은 사진을 제공했다는 말로 미루어 보아 마이크 오도넬은 사진작가임을 알 수 있다. 따라서 (C)가 정답이다.

어휘 **athlete** 육상 선수 **photographer** 사진작가, 사진사 **musician** 음악가

6. 화자들은 정오에 무엇을 할 것 같은가?
   (A) 문서를 제출하는 일
   (B) 축제에 참가하는 일
   (C) 점심 회동을 갖는 일
   (D) 유명인사를 인터뷰하는 일

정답 (C)

해설 문제에서 언급한 '정오(noon)'는 여자가 마이크와 함께 점심 식사를 같이 하는 것이 어떤지 제안하는 말에서 처음 언급되었다. 그 뒤에 여자는 그러면 축제에 대한 계획을 논의할 수 있을 것(Then we can discuss our plans for the festival)이라고 말하는 것으로 보아 점심식사를 하면서 축제에 대한 논의를 할 것임을 추론할 수 있다. 따라서 (C)가 정답이다.

어휘 **submit** ~을 제출하다 **document** 문서, 서류 **attend** ~에 참가하다, 참석하다 **lunch meeting** 점심 회동 **celebrity** 유명인사

Day 04 전치사 ❶

3초 퀴즈

정답 (A)

해석 올해 소프트웨어 박람회는 로스엔젤레스에서 개최될 것이다.

해설 선택지가 모두 전치사로 구성되어 있으므로 빈칸 뒤 명사의 성격을 확인한다. 빈칸 뒤에 로스엔젤레스라는 도시가 있으므로 큰 장소 명사 앞에 사용되는 (A) in이 정답이다.

어휘 **fair** 박람회 **be held** 개최되다

Practice

1.
정답 (B)

해석 저희 직원들이 프론트 데스크에서 멋진 도시 여행을 마련해 드릴 수 있습니다.

해설 선택지가 모두 전치사로 구성되어 있으므로 빈칸 뒤 명사의 성격을 확인한다. 프론트 데스크는 하나의 지점에 해당되는 장소이므로 (B) at이 정답이다.

어휘 staff 직원들 arrange ~을 마련하다 amazing 멋진 tour 여행 front desk 프론트 데스크 of ~의 at ~에 for ~을 위해 with ~와 함께

2.
정답 (C)

해석 다가오는 워크숍은 대회의실 B에서 개최될 것이다.

해설 선택지가 모두 전치사로 구성되어 있으므로 빈칸 뒤 명사의 성격을 확인한다. 대회의실은 사방이 막힌 장소이므로 (C) in이 정답이다.

어휘 upcoming 다가오는 be held 개최되다 conference room 대회의실 with ~와 함께 for ~을 위해 in ~에서 on ~위에

3.
정답 (B)

해석 귀하께서는 원하지 않는 제품들을 1층에 있는 고객 서비스부에 반품하실 수 있습니다.

해설 선택지가 모두 전치사로 구성되어 있으므로 빈칸 뒤 명사의 성격을 확인한다. 층은 평면이나 지면의 개념을 지닌 장소 명사이므로 (B) on이 정답이다.

어휘 return ~을 반품하다 unwanted 원하지 않는 product 제품 floor 층 within ~내에 on ~위에 next ~옆에 between ~사이에

4.
정답 (A)

해석 가비 씨가 곧 공항에 도착하지 않는다면, 그는 도쿄로 향하는 비행기를 놓칠 것이다.

해설 선택지가 모두 전치사로 구성되어 있으므로 빈칸 뒤 명사의 성격을 확인한다. 공항은 구체적인 특정 장소이므로 (A) at이 정답이다.

어휘 unless ~하지 않는다면 arrive 도착하다 airport 공항 soon 곧 miss one's flight 비행기를 놓치다 at ~에 after ~후에 across ~전역에 until ~까지

5.
정답 (D)

해석 말레이시아에서의 폭우는 국가 전역의 수위가 빠르게 상승하는 것을 유발했다.

해설 선택지가 모두 전치사로 구성되어 있으므로 빈칸 뒤 명사의 성격을 확인한다. 말레이시아는 나라 이름이므로 (D) in이 정답이다.

어휘 heavy rain 폭우 cause A to do A가 ~하는 것을 유발하다 water level 수위 rapidly 빠르게 rise 상승하다 throughout ~전역에 country 국가 into ~안에 near ~근처에 along ~을 따라서 in ~에서

Day 05 Weekly Test

VOCA

7.
해석 미쉘 씨는 생활비를 지불하기 위해 시간제로 일할 계획이다.

해설 빈칸에는 미쉘 씨가 시간제로 일하는 이유를 나타낼 어휘가 들어가야 한다. 따라서 living과 함께 쓰여 '생활비'를 뜻하는 (C) expenses가 정답이다.

어휘 plan to do ~할 계획이다 work part-time 시간제로 일하다 so that ~하기 위해 living expense 생활비 budget 예산 investment 투자 surplus 여분, 과잉

8.
해석 하자 보고서는 기술자가 그 문제를 고칠 수 있게 하기 위해 정확해야 한다.

해설 빈칸에는 보고서의 특징을 나타낼 수 있으며 기술자가 해당 보고서를 참고해 문제를 고칠 수 있는 수준을 나타내야 한다. 따라서 '정확한'이라는 뜻의 (D) accurate가 정답이다.

어휘 fault 하자 report 보고서 so that ~하기 위해 technician 기술자 fix ~을 고치다 problem 문제 complicated 복잡한 effective 효과적인 estimated 견적의 accurate 정확한

LC

1. (D)	2. (B)	3. (C)	4. (D)	5. (C)
6. (C)				

Questions 1-3 refer to the following conversation.

M: Hi, **1** I rented a car through your Web site a few days ago. I'm supposed to pick it up at this location. Here's my rental confirmation e-mail.

W: Thank you. Oh, I'm afraid there's a slight problem. **2** You requested a GPS device in your vehicle, but I'm afraid we don't have any available right now.

M: That's a shame. I'm not familiar with this area, so I was planning to use the GPS. It's okay, though. I'm sure I'll figure out where to go.

W: Well, **3** I'd be happy to take 20 dollars off your booking fee for the inconvenience.

- -

남: 안녕하세요. 제가 며칠 전에 귀사의 웹 사이트를 통해서 차를 대여했는데요. 이 지점에서 그 차를 받기로 되어 있어요. 여기 대여 확인 이메일이요.

여: 감사합니다. 아, 약간의 문제가 있는 것 같네요. 당신은 차량에 GPS 기기를 요청하셨는데, 저희가 지금 사용 가능한 것이 없어요.

남: 그거 유감이네요. 저는 이 지역에 익숙하지 않아서, GPS를 사용할 계획이었거든요. 그래도 괜찮아요. 분명 제가 어디로 갈지 알아볼 수 있을 거예요.

여: 음, 불편을 드린 것에 대해서 제가 기꺼이 당신의 예약 요금에서 20 달러를 할인해 드릴게요.

어휘 **rent** ~을 대여하다, ~을 임차하다 **through** ~을 통해서 **be supposed to do** ~하기로 되어 있다, ~할 예정이다 **pick up** (예약한 것을) 받다, 가져오다 **location** 지점 **rental** 대여, 임차 **confirmation** 확인 **slight** 약간의, 조금의 **request** ~을 요청하다 **device** 기기, 장치 **vehicle** 차량 **available** 사용 가능한 **that's a shame** 그거 유감이네요 **familiar with** ~에 익숙한 **figure out** ~을 알아내다 **take ~ off** (금액 등을) 빼다, 깎다 **booking** 예약 **fee** 요금 **inconvenience** 불편

1. 대화는 어디에서 이뤄지고 있겠는가?
(A) 전자제품 매장에서
(B) 여행사에서
(C) 웹 디자인 회사에서
(D) 자동차 대여 업체에서

정답 (D)

해설 남자가 대화를 시작하면서 자동차 대여 예약을 했으며, 예약한 자동차를 이 지점에서 받기로 되어 있다(I'm supposed to pick it up at this location)고 말하는 것을 통해 대화가 일어나는 장소가 자동차 대여 업체의 한 지점임을 알 수 있다. 따라서 (D)가 정답이다.

어휘 **electronics store** 전자제품 매장 **travel agency** 여행사 **firm** 회사 **car rental** 자동차 대여

2. 여자가 언급하는 문제는 무엇인가?
(A) 가격이 잘못 작성되었다.
(B) 기기가 사용 불가한 상태이다.
(C) 직원이 부재 중이다.
(D) 차량이 고장 났다.

정답 (B)

해설 여자가 약간의 문제가 있는 것 같다(I'm afraid there's a slight problem)고 말한 다음 그 문제가 무엇인지 언급한다. 남자가 GPS 기기를 요청했는데, 여자는 현재 사용 가능한 GPS 기기가 없다(~ I'm afraid we don't have any available right now)고 말한다. 따라서 보기 중에서 '사용 가능한 기기가 없다'는 의미와 동일한 (B)가 정답이다.

어휘 **price** 가격 **list** (목록, 일람표 등을) 작성하다 **incorrectly** 부정확하게, 잘못되게 **unavailable** 사용 불가한, 손에 넣을 수 없는 **employee** 직원 **absent** 부재 중인, 결석한 **break down** 고장나다

Paraphrase we don't have any available right now
→ A device is unavailable.

3. 여자는 무엇을 하겠다고 제안하는가?
(A) 시연을 하는 것
(B) 다른 지점에 전화하는 것
(C) 할인을 제공하는 것
(D) 다른 서비스를 예약하는 것

정답 (C)

해설 여자는 대화의 마지막 부분에서 남자에게 불편에 대해 기꺼이 예약 요금에서 20달러 할인을 해 주겠다(I'd happy to take 20 dollars off your booking fee for the inconvenience)는 제안을 하였다. 따라서 (C)가 정답이다.

어휘 **offer** 제안하다, 제공하다 **give a demonstration** 시연하다, 실연해 보이다 **branch** 지사, 지점 **discount** 할인 **book** ~을 예약하다

Paraphrase take 20 dollars off your booking fee
→ Provide a discount

Questions 4-6 refer to the following conversation with three speakers.

W: Hi, Gary. Let me introduce you to Otto Wagner. He just started working here at Zorro Appliances. **4** He'll be supervising our new online marketing division.

M1: Hi, Otto. It's nice to meet you. I'm Gary Owen.

M2: Hi, Gary. I'm happy to join the team here. **5** I heard you'll be leading the orientation for new employees this afternoon.

M1: That's right. I'll just be discussing the company's policies and goals. It should only take a couple of hours.

M2: Sounds good! I'm looking forward to it.

W: Well, I'm going to continue showing Otto around our business. **6** Our next stop is the security office.

M1: No problem. Enjoy your tour, Otto. I'll see you at the orientation later today.

여: 안녕하세요, 개리 씨. 오토 와그너 씨를 소개해 드릴게요. 이 곳 조로 어플라이언스 사에서 막 일하기 시작하셨어요. 이 분은 새로운 온라인 마케팅 부서를 관리하실 거예요.

남1: 안녕하세요, 오토 씨. 만나서 반갑습니다. 저는 개리 오웬입니다.

남2: 안녕하세요, 개리 씨. 여기 이 팀에 합류하게 되어 기쁩니다. 당신이 오늘 오후에 신입 직원들을 위한 오리엔테이션을 진행하실 거라고 들었어요.

남1: 맞아요. 저는 회사의 정책과 목표에 대해 이야기할 겁니다. 단 몇 시간밖에 걸리지 않을 거예요.

남2: 좋네요! 기대됩니다.

여: 음, 저는 계속해서 오토 씨에게 저희 회사를 보여줄 거예요. 다음으로 갈 곳은 보안실이에요.

남1: 좋아요. 즐거운 투어 되세요, 오토 씨. 오늘 이따가 오리엔테이션에서 뵐게요.

어휘 **introduce** ~을 소개하다 **appliance** 기기, 가전 제품 **supervise** ~을 관리하다, 감독하다, 지휘하다 **division** 부서 **policy** 정책, 방침 **goal** 목표 **a couple of** 몇몇의, 2~3개의 **security** 보안 **later** 이따가, 나중에

4. 오토 와그너 씨는 누구인가?
(A) 제품 개발자
(B) 채용 모집인
(C) 그래픽 디자이너
(D) 마케팅 매니저

정답 (D)
해설 여자가 대화를 시작할 때 오토 와그너씨에 대해 설명하면서 새로운 온라인 마케팅 부서를 관리할 것(He'll be supervising our new online marketing division)이라고 말한 것을 통해 오토 와그너 씨가 마케팅 부서의 관리자직으로 입사한 것을 알 수 있다. 매니저(manager)는 관리자, 운영자를 나타내므로 (D)가 정답이다.
어휘 **product** 제품 **developer** 개발자 **recruitment** 채용 **agent** 대리인 **manager** 매니저, 관리자
Paraphrase supervising our new online marketing division → A marketing manager

5. 오후에는 무슨 일이 일어날 것인가?
(A) 기금 모금 행사
(B) 주주총회
(C) 오리엔테이션 시간
(D) 직원 면담

정답 (C)
해설 문제의 키워드인 '오후(the afternoon)'는 오토 씨가 오후에 신입 직원 오리엔테이션을 개리 씨가 진행할 것이라고 들었다(I heard you'll be leading the orientation for new employees this afternoon)고 말할 때 언급된다. 이 말을 통해 오후에 신입 직원 오리엔테이션이 있을 것임을 알 수 있으므로 (C)가 정답이다.
어휘 **fundraising** 기금 모금 **shareholder meeting** 주주총회 **session** 시간, 기간

6. 여자와 오토 와그너 씨는 다음에 무엇을 할 것인가?
(A) 프로젝트에 협업하는 일
(B) 몇몇 고객들과 이야기를 나누는 일
(C) 보안실을 방문하는 일
(D) 발표를 보는 일

정답 (C)
해설 여자는 대화의 마지막 부분에서 오토 씨를 데리고 계속해서 회사를 보여주겠다고 말한 후에, 다음에 들를 곳은 보안실(Our next stop is the security office)이라고 말하였다. 따라서 여자와 오토 와그너 씨는 대화 후에 보안실로 갈 것임을 알 수 있으므로 (C)가 정답이다.
어휘 **collaborate on** ~에 대해 협업하다, 공동으로 일하다 **speak to** ~와 이야기를 나누다 **presentation** 발표

RC

1. (B)	2. (B)	3. (C)	4. (C)	5. (A)
6. (C)	7. (B)	8. (C)	9. (A)	10. (B)

1.

정답 (B)

해석 딕슨 씨는 파크 뷰 호텔에 묵었는데, 이곳은 연례 총회가 열렸던 곳이다.

해설 선택지가 관계사로 구성되어 있고, 선행사 파크 뷰 호텔은 장소를 가리키며, 빈칸 뒤에 완전한 절이 있으므로 관계부사 (B) where가 정답이다.

어휘 stay 머무르다 annual 연례적인 conference 총회 hold (행사 등) ~을 열다

2.

정답 (B)

해석 우리는 정기 회의 개최 시간 이전에 안건을 미리 검토해야 합니다.

해설 선택지가 관계사로 구성되어 있고, 선행사 the time은 시간을 가리키며, 빈칸 뒤의 절이 완전하므로 관계부사 (B) when이 정답이다.

어휘 review ~을 검토하다 agenda 안건 before ~전에 regular 정기적인

3.

정답 (C)

해석 부서장들은 부하직원들에게 그들의 업무를 효과적으로 끝낼 수 있는 방법을 찾아내도록 격려해야 한다.

해설 선택지가 관계사와 접속사로 구성되어 있고 방법을 나타내야 하는데, 빈칸 뒤의 절이 완전하므로 관계부사 (C) how가 정답이다.

어휘 supervisor 부서장 encourage A to do A에게 ~할 것을 격려하다 subordinate 부하직원 find ~을 찾다 complete ~을 끝내다 effectively 효과적으로

4.

정답 (C)

해석 자유 토론 회의가 오전 7시부터 오후 4시까지 B 대회의실에서 열릴 것입니다.

해설 회의가 열리는 장소로 B 대회의실이라는 공간이 제시되므로 '~안에'를 의미하는 전치사 (C) in이 정답이다.

어휘 brainstorming 브레인스토밍 session (특정 활동이 이뤄지는) 시간 hold ~을 열다 at ~에 between ~사이에 in ~안에 on ~위에

5.

정답 (A)

해석 그 유명한 와인 뷔페는 핏 스트리트와 조지 스트리트가 만나는 주 교차로에 위치해 있다.

해설 빈칸 뒤에 제시된 주 교차로는 개방된 장소에 해당되므로 '~에'라는 뜻의 장소 전치사 (A) at이 정답이다.

어휘 famous 유명한 buffet 뷔페 be located 위치하다 main 주요한 intersection 교차로 at ~에 among ~사이에 during ~동안 out ~밖에

6.

정답 (C)

해석 린 씨는 윈체스터에 있는 가넷 출판사로 직장을 옮겼는데, 그곳에서 편집장을 맡았다.

해설 빈칸 앞에 장소를 나타내는 명사가 나왔고, 빈칸 뒤에 완전한 절이 있으므로 관계부사 (C) where이 정답이다.

어휘 move 이동하다 publishing 출판사 editorial 편집의 position 직책 while ~하는 동안에, 반면에

7.

정답 (B)

해석 제가 요청한 물건을 귀하의 매장에서 구매할 수 있는 정확한 날짜를 말씀해 주시기 바랍니다.

해설 빈칸 앞에 시간을 나타내는 명사가 있고, 빈칸 뒤의 절이 완전하므로 관계부사 (B) when이 정답이다.

어휘 tell 말하다 exact 정확한 date 날짜 item 물건 request ~을 요청하다 available 구매할 수 있는

8.

정답 (C)

해석 조사는 10월부터 12월 하순까지 전국에 걸쳐 개인 소비가 증가했다는 것을 보여준다.

해설 '전국에 걸쳐'라는 의미가 되어야 하므로, 넓은 범위에 걸친 장소 전치사 (C) throughout이 정답이다.

어휘 reveal that ~라는 것을 보여주다 consumer spending 개인 소비(지출) increase 증가하다 under ~아래에 at ~에 throughout ~에 걸쳐 by ~까지

9.

정답 (A)

해석 랜달 사는 라빈 호수 근처에 있는 넓은 부지에 대규모 조립 공장을 짓고자 했다.

해설 빈칸 뒤에 공장을 짓고자 하는 장소가 제시되어 있고, 공장은 땅 위에 짓는 것이므로 장소 전치사 (A) on이 정답이다.

어휘 construct ~을 건설하다 huge 거대한 assembly plant 조립 공장 land 부지 near ~근처에 on ~위에 for ~을 위해 from ~부터 to ~까지

10.

정답 (B)

해석 대기업에서 가장 중요한 것은 여러 부서에 걸쳐 자원을 편성
할 수 있어야 한다는 것이다.

해설 빈칸 뒤에 제시된 여러 부서는 장소에 해당하며, 해당 장소 전
체에 자원을 편성하므로 '~에 걸쳐'라는 뜻의 (B) across가 정
답이다.

어휘 **important** 중요한 **be able to do** ~할 수 있다
coordinate ~을 편성하다 **resources** 자원 **various**
여러가지의 **division** 부서 **with** ~와 함께 **across** ~에
걸쳐 **along** ~을 따라서 **beside** ~옆에